러시아어
토르플 기본단계
실전 모의 고사
❸

러시아어 토르플 기본단계 실전 모의 고사

초판 발행 2023년 06월 26일

지은이 Косарева Е.В., Никифорова А.В., Дубинина Н.А., Ильичёва И.Ю., Лейфланд-Бернтссон Л.В., Птюшкин Д.В.

펴낸이 김선명
펴낸곳 뿌쉬낀하우스
책임편집 엄올가
편집 송사랑, 김율리아
디자인 김율하

주소 서울특별시 중구 퇴계로20나길 10, 202호
전화 02) 2237-9387
팩스 02) 2238-9388
홈페이지 www.pushkinhouse.co.kr

출판등록 2004년 3월1일 제2004-0004호

ISBN 979-11-7036-080-3 14790
978-89-92272-64-3 (세트)

© ООО Центр «Златоуст», 2020
Настоящее издание осуществлено по лицензии, полученной от ЗАО «Златоуст»
© Pushkin House, 2023

이 책의 한국어판 저작권은 «Златоуст» 출판사와 독점 계약한 뿌쉬낀하우스에 있습니다.
저작권법에 의해 한국 내에서 보호를 받는 저작물이므로 무단 전재와 무단 복제를 금합니다.

※ 잘못된 책은 바꿔 드립니다.

Тест по русскому языку как иностранному
Базовый уровень

토르플 고득점을 위한 모의고사 시리즈

TORFL

러시아어
토르플 기본단계
실전 모의 고사 3

Косарева Е.В., Никифорова А.В., Дубинина Н.А., Ильичёва И.Ю.,
Лейфланд-Бернтссон Л.В., Птюшкин Д.В. 지음

뿌쉬낀하우스

※ MP3 파일은 뿌쉬낀하우스 홈페이지(www.pushkinhouse.co.kr)에서 무료로 내려받을 수 있습니다.
또한 스마트폰을 통해 문제페이지에 있는 QR코드를 스캔하면 듣기 영역 MP3 파일을 바로 청취할 수 있습니다.

contents

토르플 길라잡이 _6

1부 테스트

Субтест 1.   ЛЕКСИКА. ГРАММАТИКА 어휘, 문법 영역   _11

Субтест 2.   ЧТЕНИЕ 읽기 영역   _25

Субтест 3.   АУДИРОВАНИЕ 듣기 영역   _39

Субтест 4.   ПИСЬМО 쓰기 영역   _48

Субтест 5.   ГОВОРЕНИЕ 말하기 영역   _50

2부 정답

어휘, 문법 영역 정답   _55

읽기 영역 정답   _58

듣기 영역 정답 및 녹음 원문   _59

쓰기 영역 예시 답안   _67

말하기 영역 예시 답안   _70

첨부: 답안지 РАБОЧИЕ МАТРИЦЫ   _77

1. 토르플 시험이란?

토르플(TORFL)은 'Test of Russian as a Foreign Language'의 약자로 러시아 교육부 산하기관인 '러시아어 토르플 센터'에서 주관하는 외국인 대상 러시아어 능력 시험이다. 기초 단계에서 4단계까지 총 여섯 단계로 나뉘어 있으며 시험 과목은 어휘·문법, 읽기, 듣기, 쓰기, 말하기의 다섯 영역으로 구성되어 있다. 현재 토르플은 러시아 내 대학교의 입학 시험, 국내 기업체, 연구소, 언론사 등에서 신입사원 채용 시험 및 직원들의 러시아어 실력 평가를 위한 방법으로 채택되고 있다.

2. 토르플 시험 단계

토르플 시험은 기초단계, 기본단계, 1단계, 2단계, 3단계, 4단계로 나뉘어 있다.

· 기초단계 (элементарный уровень)
 일상생활에서 필요한 최소한의 러시아어 구사가 가능한 가장 기초 단계이다.

· 기본단계 (базовый уровень)
 일상생활에서 필요한 기본적인 의사 소통이 가능한 단계이다.

· 1단계 (I сертификационный уровень)
 일상생활에서의 자유로운 의사소통뿐만 아니라, 사회, 문화, 역사 등의 분야에서 러시아인과 대화가 가능한 공인단계이다. 러시아 대학에 입학하기 위해서는 1단계 인증서가 필요하며, 국내에서는 러시아어문계열 대학졸업시험이나 기업체의 채용 및 사원 평가 기준으로도 채택되고 있다.

· 2단계 (II сертификационный уровень)
 원어민과의 자유로운 대화뿐만 아니라, 문화, 예술, 자연과학, 공학 등 전문 분야에서도 충분히 의사소통이 가능한 공인단계이다. 2단계 인증서는 러시아 대학의 비어문계 학사 학위 취득을 위한 요건이며 석사 입학을 위한 자격 요건이기도 하다. 1단계와 마찬가지로 국내에서는 러시아어문계열 대학졸업시험이나 기업체의 채용 및 사원 평가 기준으로도 채택되고 있다.

· 3단계 (III сертификационный уровень)
사회 전 분야에 걸쳐 고급 수준의 의사소통 능력을 지니고 있어 러시아어로 전문적인 활동이 가능한 공인단계이다. 러시아 대학의 비어문계열 석사와 러시아어문학부 학사 학위를 취득하기 위해서 3단계 인증서가 필요하다.

· 4단계 (IV сертификационный уровень)
원어민에 가까운 러시아어 구사 능력을 지니고 있는 가장 높은 공인단계로, 이 단계의 인증서를 획득하면 러시아어문계열의 모든 교육과 연구 활동이 가능하다. 4단계 인증서는 러시아어문학부 석사, 비어문계열 박사, 러시아어 교육학 박사 등의 학위를 취득하기 위한 요건이다.

3. 토르플의 시험영역
토르플 시험은 어휘·문법, 읽기, 듣기, 쓰기, 말하기의 다섯 영역으로 구성되어 있다.

· 어휘·문법 영역 (ЛЕКСИКА. ГРАММАТИКА)
객관식 필기 시험으로 어휘와 문법을 평가한다. (*사전 이용 불가)

· 읽기 영역 (ЧТЕНИЕ)
객관식 필기 시험으로 주어진 본문과 문제를 통해 독해 능력을 평가한다. (*사전 이용 가능)

· 듣기 영역 (АУДИРОВАНИЕ)
객관식 필기 시험으로 들려 주는 본문과 문제를 통해 이해 능력을 평가한다. (*사전 이용 불가)

· 쓰기 영역 (ПИСЬМО)
주관식 필기 시험으로 주제에 알맞은 작문 능력을 평가한다. (*사전 이용 가능)

· 말하기 영역 (ГОВОРЕНИЕ)
주관식 구술 시험으로 주어진 상황에 적합한 말하기 능력을 평가한다. (*사전 이용이 가능한 문제도 있음)

4. 토르플 시험의 영역별 시간

구 분	기초 단계	기본 단계	1단계	2단계	3단계	4단계
어휘·문법 영역	40분	50분	60분	90분	90분	60분
읽기 영역	40분	50분	50분	60분	60분	60분
듣기 영역	30분	30분	35분	35분	35분	45분
쓰기 영역	30분	50분	60분	55분	75분	80분
말하기 영역	20분	25분	60분	45분	45분	50분

*토르플 시험의 영역별 시간은 시험 시행기관마다 조금씩 다를 수 있습니다.

5. 토르플 시험의 영역별 만점

구분	기초 단계	기본 단계	1단계	2단계	3단계	4단계
어휘·문법 영역	100	100	165	150	100	140
읽기 영역	120	180	140	150	150	127
듣기 영역	100	150	120	150	150	150
쓰기 영역	40	80	80	65	100	95
말하기 영역	90	120	170	145	150	165
총 점수	450	630	675	660	650	677

6. 토르플 시험의 합격 점수

구분	기초 단계	기본 단계	1단계	2단계	3단계	4단계
어휘·문법 영역	66–100점 (66%이상)	66–100점 (66%이상)	109–165점 (66%이상)	99–150점 (66%이상)	66–100점 (66%이상)	92–140점 (66%이상)
읽기 영역	79–120점 (66%이상)	119–180점 (66%이상)	92–140점 (66%이상)	99–150점 (66%이상)	99–150점 (66%이상)	84–127점 (66%이상)
듣기 영역	66–100점 (66%이상)	99–150점 (66%이상)	79–120점 (66%이상)	99–150점 (66%이상)	99–150점 (66%이상)	99–150점 (66%이상)
쓰기 영역	26–40점 (66%이상)	53–80점 (66%이상)	53–80점 (66%이상)	43–65점 (66%이상)	66–100점 (66%이상)	63–95점 (66%이상)
말하기 영역	59–90점 (66%이상)	79–120점 (66%이상)	112–170점 (66%이상)	96–145점 (66%이상)	99–150점 (66%이상)	109–165점 (66%이상)

1부 테스트

Субтест 1. ЛЕКСИКА. ГРАММАТИКА

Инструкция по выполнению субтеста

- **Время выполнения теста — 50 минут.**
- Вы получили задания, инструкции к заданиям и листы с матрицами.
- **Напишите в матрице фамилию, имя, страну и дату.**
- Тест состоит из 4 частей (100 заданий).
- При выполнении теста **пользоваться словарём нельзя.**
- В заданиях нужно выбрать вариант ответа и отметить его в матрице.

Например:

(Вы выбрали вариант А).

Если вы ошиблись и хотите исправить ошибку, сделайте так:

Например:

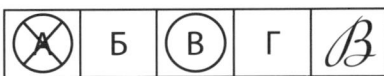

(Ваш выбор — вариант В, вариант А — ошибка).

Отмечайте ваш выбор только в матрице, в тесте ничего не пишите! Проверяться будет только матрица.

ЧАСТЬ 1

Задания 1–29. Прочитайте пары предложений. Выберите один вариант ответа и отметьте его в матрице.

1. Мой друг _____ , что в свободное время я катаюсь на сноуборде. **2.** Он тоже хочет научиться, поэтому каждый вечер внимательно _____ информацию на разных сайтах, где пишут, как правильно кататься.	(А) умеет (Б) знает (В) изучает (Г) учится
3. — Оля, не _____ это шоколадное мороженое, оно невкусное! **4.** Лучше _____ пить чай с шоколадными конфетами.	(А) получи (Б) берёт (В) бери (Г) давай
5. — Максим, ты вчера полчаса _____ мне о новой дороге. **6.** Я хочу, чтобы ты мне _____ её на карте.	(А) сказал (Б) показал (В) рассказал (Г) рассказывал
7. — Дима, не мешай мне! Я _____ интересный фильм. **8.** — Я тоже немного _____ , а потом пойду гулять.	(А) смотрю (Б) посмотрю (В) вижу (Г) увижу
9. — Катя, я тебя _____ купить к чаю торт, а ты купила конфеты. **10.** — Мама, извини. Мне эти конфеты _____ продавщица.	(А) говорила (Б) просила (В) посоветовала (Г) спросила

11. У меня есть _____ брат. **12.** Мы рады, что у нас такие хорошие и добрые _____ .	(А) родина (Б) рождение (В) родители (Г) родной
13. Мой папа 20 лет назад окончил _____ институт. **14.** Сейчас он _____ разные современные здания.	(А) строит (Б) построил (В) строитель (Г) строительный
15. — Вы _____? — Нет. **16.** — Тогда я сейчас вас _____ . Это Ира, а это Паша.	(А) познакомлю (Б) знакомая (В) знакомый (Г) знакомы
17. Сейчас моя _____ — хорошо учиться и делать все упражнения. **18.** Мы много работаем дома, так как нам много _____ в университете.	(А) давали (Б) задают (В) задача (Г) задание
19. — _____ ты вчера вернулся так поздно вечером? **20.** — _____ я не ходил. Я сидел дома и играл в компьютерные игры.	(А) Где (Б) Куда (В) Откуда (Г) Никуда
21. — Ребята, вы _____ решили, где будете отдыхать летом? **22.** — Да, я, например, хочу поехать в Испанию, _____ пока не знаю, когда: в июне или июле.	(А) поэтому (Б) уже (В) но (Г) а

23. Я больше не хочу слышать _____ . **24.** Миша всё время говорит неправду, _____ нельзя верить.	(А) он (Б) ему (В) о нём (Г) у него
25. Завтра _____ будет день рождения. **26.** Приглашаю вас всех, приходите _____ в гости в 18:00.	(А) я (Б) мне (В) у меня (Г) ко мне
27. — Я люблю отдыхать _____ городе. Я отдыхаю здесь каждое лето. **28.** Бабушка мне рассказывала, что _____ города богатая история.	(А) у этого (Б) на этом (В) в этот (Г) в этом
29. — Дима, я прошу тебя _____ не ходить без моего согласия. После школы сразу иди домой. Хорошо? — Хорошо, мама.	(А) где (Б) куда (В) никуда (Г) когда

ЧАСТЬ 2

Задания 30–59. Выберите один вариант ответа и отметьте его в матрице.

30. Олег Табаков — известный киноактёр, режиссёр, руководитель _____ «Табакерка».	(А) театр (Б) театром (В) театру (Г) театра

31. Фильм «Ирония судьбы…» стал _____ российского кино.	(А) классика (Б) классики (В) классикой (Г) о классике
32. У меня день рождения _____ августа.	(А) в восемнадцатом (Б) восемнадцать (В) восемнадцатого (Г) восемнадцатое
33. Будущий писатель родился в семье _____ .	(А) врачи (Б) врачей (В) врач (Г) врачах
34. Мой отец окончил педагогический институт в _____ .	(А) Саратов (Б) Саратове (В) Саратова (Г) Саратовом
35. Типичная российская молодая семья живёт _____ .	(А) в маленькой квартире (Б) на маленькой квартире (В) у маленькой квартиры (Г) с маленькой квартирой
36. Я купила эту картину, потому что мне нравятся _____ .	(А) яркие краски (Б) ярких красок (В) ярким краскам (Г) с яркими красками

37. Василий поступил на биологический факультет, потому что _____ интересуют животные.	(А) она (Б) он (В) его (Г) её
38. Катя не интересуется _____ . Она любит спорт.	(А) театр (Б) театра (В) театром (Г) театре
39. Я _____ пойду в кино вместе с тобой.	(А) с удовольствием (Б) к удовольствию (В) за удовольствие (Г) без удовольствия
40. Мой дедушка работал _____ .	(А) на московском госпитале (Б) в московском госпитале (В) московский госпиталь (Г) московским госпиталем
41. Я устал, мне нужно идти _____ .	(А) дом (Б) дома (В) домой (Г) доме
42. Ученики первого класса считают учительницу _____ .	(А) своя вторая мама (Б) своей второй мамой (В) у своей второй мамы (Г) для своей второй мамы

43. Молодому человеку _____ трудно найти хорошую работу в Москве.	(А) в небольшой город (Б) небольшого города (В) в небольшом городе (Г) из небольшого города
44. Конференция _____ в 10 часов.	(А) начала (Б) начали (В) начинается (Г) начались
45. Учёные-математики изучают _____ .	(А) космос и виртуальную реальность (Б) космосом и виртуальной реальностью (В) космоса и виртуальной реальности (Г) о космосе и виртуальной реальности
46. Как вы думаете, новые технологии изменят _____ ?	(А) человек (Б) человека (В) у человека (Г) для человека
47. Театр остаётся популярным даже сейчас, _____ .	(А) в век цифровых технологий (Б) век цифровых технологий (В) в веке цифровых технологий (Г) века цифровых технологий

48. Английский язык лучше начинать изучать _____ .	(А) школой (Б) школу (В) в школе (Г) о школе
49. _____ нужно заниматься спортом.	(А) Молодые люди (Б) Молодыми людьми (В) Молодых людей (Г) Молодым людям
50. Студенты должны хорошо подумать _____ .	(А) своё будущее (Б) своего будущего (В) у своего будущего (Г) о своём будущем
51. Как, у вас нет _____ ?	(А) расписание (Б) расписания (В) расписанием (Г) с расписанием
52. В учебнике вы найдёте ответы _____ .	(А) на самые актуальные вопросы (Б) за самые актуальные вопросы (В) самые актуальные вопросы (Г) самыми актуальными вопросами
53. _____ часто не нравится реклама.	(А) люди (Б) людей (В) людям (Г) для людей

54. Завтра _____ экзамены.	(А) началось (Б) начнётся (В) начались (Г) начнутся
55. Я мечтаю полететь _____ .	(А) на космос (Б) в космос (В) за космос (Г) к космосу
56. Министр туризма сказал, что все туристические поездки должны быть _____ .	(А) безопасными и интересными (Б) безопасным и интересным (В) с безопасным и интересным (Г) с безопасными и интересными
57. Все дети любят есть _____ .	(А) конфетами (Б) конфет (В) конфеты (Г) с конфетами
58. Это кольцо _____ .	(А) моя бабушка (Б) моей бабушки (В) моих бабушек (Г) мои бабушки
59. Маша любит рассказывать о своей жизни _____ .	(А) социальные сети (Б) социальных сетей (В) к социальным сетям (Г) в социальных сетях

ЧАСТЬ 3

Задания 60–71. Вы работаете со связным текстом. Выберите один вариант ответа и отметьте его в матрице.

Вчера я _____ **(60)** в гости к своей подруге.	(А) шла (Б) ходила (В) приходила
Она попросила меня _____ **(61)** к 5 часам на ужин.	(А) прийти (Б) выйти (В) войти
Я … **(62)** к подруге вовремя, так как _____ **(63)** из дома рано.	(А) вошла (Б) вышла (В) пришла
Сначала я села в автобус, на котором _____ **(64)** около 40 минут.	(А) ехала (Б) ездила (В) поехала
На автобусной остановке я _____ **(65)** из автобуса и _____ пешком **(66)** в магазин цветов.	(А) пошла (Б) вышла (В) ушла
После магазина я _____ **(67)** дорогу и через 10 минут была у дома подруги.	(А) шла (Б) вышла (В) перешла
Она живёт на 14-м этаже, поэтому на 14-й этаж я _____ **(68)** на лифте.	(А) приехала (Б) ехала (В) ушла

Водитель _____ **(70)** медленно, так как было много снега.	(А) приехал (Б) поехал (В) ехал
Я _____ **(71)** домой около 11 часов вечера.	(А) уехала (Б) поехала (В) приехала

ЧАСТЬ 4

Задания 72–84. Вы работаете со связным текстом. Выберите один вариант ответа и отметьте его в матрице.

Эдгард Запашный _____ **(72)** в Ялте, 11 июля 1976 года.	(А) родились (Б) родится (В) родился
На арене цирка он первый раз _____ **(73)** в 1988 году.	(А) появился (Б) появлялся (В) появится
В начале 1990-х семью Запашных _____ **(74)** работать в Китай.	(А) приглашать (Б) пригласили (В) будут приглашать
И они _____ **(75)** туда на гастроли.	(А) уехали (Б) уедут (В) будут уезжать

Там для них уже _____ **(76)** большой летний цирк.	(А) строили (Б) построили (В) построят
Когда Эдгар Запашный _____ **(77)** в институте, он уже работал в цирке.	(А) работал (Б) работать (В) поработал
В настоящее время Аскольд и Эдгард Запашные работают в России и _____ **(78)** много разных цирковых шоу.	(А) сделали (Б) делают (В) сделают
Когда Эдгард Запашный _____ **(79)** в институте, он уже работал в цирке.	(А) учиться (Б) учился (В) будет учиться
А недавно он ещё _____ **(80)** Московский институт предпринимательства и права.	(А) окончил (Б) оканчивает (В) окончит
Эдгард прекрасно _____ **(81)** английский и китайский языки.	(А) узнает (Б) знали (В) знает
Ещё Эдгард _____ **(82)** бильярдом и боулингом.	(А) интересовались (Б) интересуется (В) будет интересоваться
Недавно вместе с братом Аскольдом он _____ **(83)** «Цирк братьев Запашных».	(А) открыл (Б) откроет (В) открывает

| В последнее время Эдгард Запашный часто _____ (84) в разных телевизионных шоу. | (А) выступает
 (Б) выступил
 (В) будет выступать |

ЧАСТЬ 5

Задания 85–100. Вы работаете со связным текстом. Выберите один вариант ответа и отметьте его в матрице.

85. — Привет! Как дела? — Всё хорошо. _____ я еду на конференцию. — Молодец! А надолго? 86. — Нет, не очень, буду там одну _____ .	(А) неделя (Б) за неделю (В) через неделю (Г) неделю
87. — Завтра у меня дома будет _____ . Ты придёшь? 88. — Конечно! Надеюсь, _____ будет весело!	(А) вечеринка (Б) на вечеринке (В) о вечеринке (Г) после вечеринки
89. Я хочу купить квартиру, _____ смотрел на прошлой неделе. 90. Это именно та квартира, _____ я мечтал всю жизнь.	(А) о которой (Б) на которой (В) в которой (Г) которую
91. Моя бабушка любит смотреть передачи, _____ известные люди готовят еду. 92. Сегодня она приготовила одно блюдо, _____ мне очень понравилось.	(А) которая (Б) на которых (В) в которых (Г) которое

93. — Лиза, где зонтик, _____ ты ходила вчера в магазин? Куда ты его положила? **94.** — Мама, зонтик, _____ ты говоришь, лежит на полке в шкафу.	(А) с которым (Б) о котором (В) который (Г) которому
95. Я вчера ходил на выставку, _____ так много говорили и писали в Интернете. **96.** А сегодня я видел художницу, _____ является автором картин на этой выставке.	(А) которая (Б) которую (В) о которой (Г) на которую
97. — Саша, _____ ты не сдал этот экзамен? **98.** — Не сдал, _____ буду больше заниматься, то смогу пересдать его осенью.	(А) если (Б) что (В) поэтому (Г) почему
99. — Ребята, вы не знаете, _____ это ручка? **100.** — Нет, _____ мы вошли, она уже лежала на столе. Наверное, её кто-то забыл.	(А) чья (Б) кто (В) когда (Г) зачем

Субтест 2. ЧТЕНИЕ

Инструкция по выполнению теста

- **Время выполнения теста — 50 минут.**
- Вы получили задания, инструкции к заданиям и листы с матрицами.
- **Напишите в матрице фамилию, имя, страну и дату.**
- Тест состоит из 4 частей (30 заданий).
- При выполнении теста **можно пользоваться двуязычным словарём.**
- В заданиях нужно выбрать вариант ответа и отметить его в матрице.

Например:

(Вы выбрали вариант А).

Если вы ошиблись и хотите исправить ошибку, сделайте так:

Например:

(Ваш выбор — вариант В, вариант А — ошибка).

Отмечайте ваш выбор только в матрице, в тесте ничего не пишите! Проверяться будет только матрица.

ЧАСТЬ 1

Задания 1–5. Прочитайте сообщения и найдите логическое продолжение этой информации в предложенных вариантах (А, Б, В).

1. **Во всём мире Интернет стал серьёзным конкурентом печатным средствам массовой информации (СМИ): газетам, журналам.**

   (А) Во всём мире люди теперь чаще читают новости в Интернете, чем в печатных СМИ.

   (Б) Во всём мире люди теперь узнают новости только из Интернета.

   (В) Печатные СМИ всегда будут популярны среди большинства людей.

2. **Психологи считают, что человек, который родился в маленьком городе или деревне, всегда будет отличаться от людей, которые родились и выросли в больших городах.**

   (А) Они говорят, что деревенские жители, которые переехали в большой город, ничем не отличаются от жителей больших городов.

   (Б) По их мнению, место рождения влияет на поведение и характер человека.

   (В) Они думают, что место рождения человека не влияет на его характер.

3. **Учёные провели исследование и пришли к выводу, что россияне — самая читающая нация в мире.**

   (А) Все русские родители говорят, что их дети ничего не читают, только играют в компьютерные игры.

   (Б) Каждая нация хочет думать, что она самая читающая в мире.

   (В) Конечно, даже в метро в России все что-то читают: кто в телефоне, кто на планшете, кто бумажную книгу, кто электронную книгу.

4. Власти Санкт-Петербурга сообщают, что город не только является культурной столицей и деловым центром, но и становится свадебной столицей России.

(А) В последние годы увеличивается число разводов среди молодых пар.

(Б) В среднем свадьба в Петербурге стоит 200–250 тысяч рублей.

(В) В Петербург всё чаще приезжают из других регионов и стран, чтобы пожениться.

5. Молодым людям сейчас очень трудно найти работу по специальности.

(А) Многие фирмы хотят, чтобы у выпускника вуза был опыт работы не менее 3 лет.

(Б) Молодые люди ничем не интересуются, кроме своей профессии.

(В) Молодые люди мечтают о работе в других странах.

ЧАСТЬ 2

Задания 6–10. Прочитайте фрагменты статей из газет и журналов. Определите их тему. Выполните задания.

6. Глава агентства Ростуризм Олег Сафонов рассказал о планах развивать религиозный туризм в России. Сафонов отметил большую важность такого вида для духовного развития россиян и сохранения традиционных ценностей. Олег Сафонов рассказал, что агентство подписало с русской православной церковью соглашение о развитии религиозного туризма, развитии туристических маршрутов по православным монастырям и другим святыням России.

В этой статье глава Ростуризма рассказал о _____ .

(А) возможности религиозного туризма для россиян

(Б) подписании соглашения в ближайшее время

(В) будущем разговоре с главой агентства по культуре

7. В 2017 году в Петербурге установили 8 информационных стоек. Организатор перевозок сообщает, что новые инфостойки (информационные помощники) помогут жителям Северной столицы и гостям города найти нужный транспортный маршрут. Информационные помощники появились у железнодорожных вокзалов, в аэропорту, около станций метро «Гостиный Двор» и «Горьковская». На стойках есть вся важная транспортная информация: 1) где находятся ближайшие остановки общественного транспорта, 2) какие маршруты автобусов, трамваев и троллейбусов тут идут, 3) когда прибывает транспорт на ближайшую остановку.

Автор статьи рассказывает о /об _____ .

(А) информационных помощниках

(Б) транспортных маршрутах

(В) гостях Северной столицы

8. Ответа на вопрос, когда впервые появился пряничный домик, нет. Но известно, что ещё в Древнем Риме их делали для того, чтобы бог охранял и защищал жителей дома. Через некоторое время домик из теста съедали. Говорили, что вместе с жителями дома его ест бог. Вскоре традиция делать домики из теста ушла. Но появилась она снова в Германии в 1812 году, когда появилась сказка братьев Гримм «Гензель и Гретель». В сказке мальчик и девочка оказались у злой волшебницы в красивом пряничном домике, который был построен из разных сладостей. Эта история очень понравилась европейцам. Пряничные домики стали продавать на рождественских ярмарках. Так, например, на берегу Северного моря, в снежном норвежском городе, перед Рождеством делают целый пряничный город.

Автор статьи рассказывает о _____ .

(А) пряничных домиках в Германии

(Б) истории пряничных домиков

(В) девочке и мальчике из сказки

9. В последнее время в британских газетах часто пишут о том, что здравоохранение находится сейчас в кризисе. Как пишет Medialeaks, доктор Кэтрин Белл из Шеффилда считает, что во всём виноват мультфильм «Свинка Пеппа» (Peppa Pig). Об этом мультфильме врач написала научную статью на сайте издания BMJ. По мнению Белл, сериал вредит работе врачей в её стране. Автор даёт несколько примеров из сериала. Так, в мультфильме Доктор Медведь приходит к Пеппе и её брату в любой ситуации, даже если у них обычная простуда. В данной ситуации, по мнению Кэтрин Белл, Доктор Медведь не должен приходить, а должен дать консультацию по телефону. Кэтрин Белл считает, что родители берут пример с героев мультфильма и постоянно вызывают врачей на дом даже при лёгкой простуде. Это вредит работе здравоохранения, т. к. появляются длинные очереди в поликлиниках.

Врач Кэтрин Белл утверждает, что на систему здравоохранения _____ .

(А) влияют журналисты, которые пишут о медицине

(Б) влияют родители, которые часто вызывают врача на дом

(В) влияет известный мультфильм «Свинка Пеппа»

10. Татьяна Александровна Навка родилась в Днепропетровске 13 апреля 1975 года в обычной семье. Мама была экономистом, а папа работал инженером. Родители в молодости занимались спортом, и поэтому их дочь тоже занималась спортом. Каким именно видом спорта заниматься — девочка выбирала сама. В пять лет Таня встала на коньки, до этого она уже каталась на роликах. На льду девочка даже не почувствовала большой разницы между коньками и роликами. Фигурное катание вошло в жизнь Татьяны Навки в 1980 году. Способную, трудолюбивую и терпеливую девочку увидела тренер Наталья Дубова. В возрасте 13-ти лет Таню Навку пригласили в Москву. Жизнь подростка стала ещё более сложной. Каждый день Тане приходилось рано вставать и ехать в город. Мама постоянно твердила дочке: «Ты — лучшая! Ты можешь со всем справиться!»

Основная тема этой статьи — _____ .

(А) жизнь Татьяны Навки в Москве

(Б) успехи спортсменки

(В) фигурное катание в жизни девочки

ЧАСТЬ 3

Задания 11–25. Прочитайте текст, чтобы узнать, как в России проводят новогодние праздники. Затем выполните задания.

Новый год — это не только подарки под ёлкой, но ещё и долгожданные выходные. Их желательно провести так, чтобы потом не было жалко потраченного времени. Мы поинтересовались, как россияне планируют провести новогодние каникулы. Приведём некоторые ответы.

Анна Третьякова, учитель:

— Лично я собираюсь просто лежать и отдыхать. Этот год был нелёгким. У меня достаточно сложная работа, которая занимает много времени, я трачу много физических и душевных сил, ведь работа с детьми требует от человека ответственности. Поэтому новогодние каникулы, скорее всего, проведу дома, перед телевизором. Ничего не буду делать, только отдыхать. И смогу наконец-то выспаться, так как во время учебного года учитель даже не мечтает о том, чтобы выспаться. С утра работаешь, потом приходишь домой и готовишься к занятиям. А ещё нужно готовить обед или ужин, убирать квартиру, помогать ребёнку с уроками. А когда муж и ребёнок ложатся спать, я сажусь проверять контрольные работы. Хорошая еда, сон и уютный дом — что ещё нужно для отдыха?

Настя Гриб, программист:

— Я на Новый год улетаю в Харбин. Это вообще сейчас популярно — провести в Китае новогодние праздники. К тому же в Харбине этой зимой строят огромный ледовый городок. Но я, если честно, не собиралась в путешествие — всё получилось неожиданно. Просто в Харбин приедут мои друзья, а я очень хочу их увидеть. Когда они мне сообщили, что новогодние праздники проведут в Харбине, я сразу же купила билет. И теперь мы сможем вместе встретить Новый год! Это так интересно — провести новогодние каникулы в другой стране. Посмотреть, как другие люди встречают этот праздник.

Людмила Харченко, пенсионерка:

— Я уже давно не работаю, так что у меня каникулы длятся круглый год. Ну а праздничные дни, конечно же, проведу с детьми и внуками. Все подарки уже готовы, еду купила на всех. Сначала дети и мои любимые внуки приедут ко мне на несколько дней, потом я поеду к ним и проведу 2–3 дня у них. Ведь Новый год — праздник се-

мейный. На площадь сходим: ёлку посмотрим, с горки покатаемся, в снежки поиграем. Внуки будут играть, а мы с детьми сможем поговорить, решить какие-то вопросы, вспомнить их детство, посмеяться. Так и проведём праздники.

11. Этот человек считает, что Новый год нужно встречать с семьёй: вместе отдыхать, гулять, разговаривать, обсуждать различные вопросы.

(А) учитель

(Б) программист

(В) пенсионерка

12. Этот человек уверен, что Новый год — это время для сна и отдыха от работы.

(А) учитель

(Б) программист

(В) пенсионерка

13. Этот человек поедет в незнакомую страну, чтобы встретиться с друзьями.

(А) учитель

(Б) программист

(В) пенсионерка

14. Этот человек может отдохнуть только в праздники, так как в остальное время работает днём и ночью.

(А) учитель

(Б) программист

(В) пенсионерка

15. Этот человек считает, что у него каникулы продолжаются весь год.

　(А) учитель

　(Б) программист

　(В) пенсионерка

16. Этот человек уже подготовился к празднику: купил еду для новогоднего стола и подарки.

　(А) учитель

　(Б) программист

　(В) пенсионерка

17. Этот человек не планировал уезжать из России на праздники, всё получилось неожиданно.

　(А) учитель

　(Б) программист

　(В) пенсионерка

18. Сначала к этому человеку приедут гости, а потом этот человек поедет к ним на несколько дней.

　(А) учитель

　(Б) программист

　(В) пенсионерка

19. По мнению этого человека, сейчас среди россиян популярно проводить праздники в разных странах.

　(А) учитель

　(Б) программист

　(В) пенсионерка

20. Этот человек предпочитает проводить праздники в уютном доме и смотреть телевизор.

(А) учитель

(Б) программист

(В) пенсионерка

21. Выспаться — об этом мечтает этот человек перед новогодними праздниками.

(А) учитель

(Б) программист

(В) пенсионерка

22. Этот человек во время новогодних праздников хочет сходить на площадь и посмотреть на ёлку.

(А) учитель

(Б) программист

(В) пенсионерка

23. Этот человек считает, что Новый год — это время, когда вы с семьёй вспоминаете о многом, например о том, как прошло ваше детство.

(А) учитель

(Б) программист

(В) пенсионерка

24. Этот человек хочет посмотреть, как люди другой национальности встречают праздники.

(А) учитель

(Б) программист

(В) пенсионерка

25. Этот человек узнал, что в том городе, в который он собирается поехать, будет построен большой город из льда.

(А) учитель

(Б) программист

(В) пенсионерка

ЧАСТЬ 4

Задания 26–30. Прочитайте текст о новом виде экскурсий. Вам нужно понять основную информацию текста и значимые детали. Выполните задания.

Экскурсии по крышам Санкт-Петербурга

Ветер, солнце, воздух, свобода, красивые виды… — вам тоже в голову приходят только такие ассоциации, когда вы слышите словосочетание «прогулки по крышам»? Всё верно! А если дополнить этот список положительными эмоциями, новыми знаниями и интересным рассказом, то получим экскурсии по крышам Санкт-Петербурга.

Экскурсии по крышам стали настоящим открытием недавнего времени не только для туристов, но и для жителей Петербурга. Это совершенно новый формат отдыха и изучения города.

Экскурсии по крышам имеют множество плюсов, о которых с большим удовольствием расскажет каждый, кто хоть раз побывал на крыше одного из домов исторического центра:

1. Красивые виды и, как следствие, красивые фотографии. Даже если вы подниметесь на крышу в дождливый питерский день, виды, которые открываются с крыши, удивят вас. Эти виды настолько великолепны, что ими можно любоваться часами.

2. Комфортные условия для получения знаний. С одной стороны, вы не увидите мелких элементов зданий, о которых рассказывает вам гид. Но, с другой стороны, вы рассмотрите практически все объекты центра целиком. Вам не надо совершать переходы от одной достопримечательности к другой — с крыши они все как на ладони. Поэтому экскурсии по крышам во много раз приятнее, чем прогулки пешком. Поэтому такой вид получения энциклопедических сведений об истории города и его важнейших объектах не только экономит силы, но и позволяет узнавать что-то новое в спокойной атмосфере.

Экскурсии по крышам Санкт-Петербурга имеют различную цену (обычно от 400 до 750 рублей с человека в зависимости от количества участников), разные места и форматы проведения. Но всех их объединяет атмосфера, чувство свободы и высоты, которые бесценны.

3. Свидания на крышах Петербурга. Отдельно стоит сказать о романтическом отдыхе. Тут нет никаких гидов, других туристов и людей. Только организаторы, которые сделают всё, что вы хотите. Они всё организуют и уйдут, оставив вас наедине с любимым человеком.

Нужно ли говорить, что крыши — одно из самых романтичных мест в городе? Скажем только то, что закаты над разноцветными крышами домов волшебны. Под вами будет сверкающий огнями город, над вами — звёздное небо... Вы почувствуете себя между небом и землёй. Насладитесь романтикой волшебного Петербурга.

Для того чтобы встретить закат с любимым человеком, вам достаточно будет обратиться в одну из компаний — организаторов свиданий на крышах. И они принесут вам и стул, и вино, и фрукты, и одеяла, и всё-всё, что пожелает тот, кто дарит этот вечер своей второй половинке.

Вас встретят, проводят на крышу, объяснят правила поведения и безопасности и оставят наедине друг с другом. Вы можете сидеть и наслаждаться с любимым человеком видами этого прекрасного города. Через полтора — два часа к вам вернётся гид и поможет вам спуститься вниз.

Наконец, мы дадим вам несколько советов: не стоит подниматься на крышу в плохую погоду — будет скользко. Кроме того, важно идти на крышу с хорошим настроением, тогда это будет весело и интересно. Необхо-димо помнить, что идти на экскурсию по крышам следует только в удобной обуви.

26. Экскурсии по крышам города дарят вам _____ .

   (А) свободу и радость

   (Б) веру в себя и в свои силы

   (В) положительные эмоции и новые знания

27. Экскурсии по крышам не все любят, потому что _____ .

   (А) нельзя увидеть детали

   (Б) это романтический отдых

   (В) это ночная экскурсия

28. Если вы хотите, для вас могут организовать _____ .

(А) встречу друзей

(Б) романтический отдых со второй половинкой

(В) фотосессию

29. Организаторы экскурсии по крышам _____ .

(А) расскажут вам о Санкт-Петербурге

(Б) объяснят, что можно и что нельзя делать

(В) сделают для вас хорошие фотографии

30. Автор статьи не советует вам подниматься на крышу, если вы _____ .

(А) боитесь высоты

(Б) плохо себя чувствуете

(В) надели неудобную обувь

Субтест 3. АУДИРОВАНИЕ

Инструкция по выполнению теста

- **Время выполнения теста — 30 минут.**
- Вы получили задания, инструкции к заданиям и листы с матрицами.
- **Напишите в матрице фамилию, имя, страну и дату.**
- Тест состоит из 5 частей и 25 заданий к ним.
- При выполнении теста **пользоваться словарём нельзя.**
- Слушайте аудиотексты. Выбирайте вариант ответа и отмечайте его в матрице.
- **Все аудиотексты звучат два раза.**

Например:

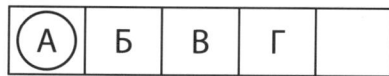

(Вы выбрали вариант А).

Если вы ошиблись и хотите исправить ошибку, сделайте так:

Например:

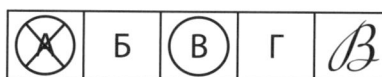

(Ваш выбор — вариант В, вариант А — ошибка).

Отмечайте ваш выбор только в матрице, в тесте ничего не пишите! Проверяться будет только матрица.

ЧАСТЬ 1

Задания 1–5. Прослушайте сообщения. Выберите из трёх вариантов (А, Б, В) тот, который по смыслу соответствует сообщению.

1. (Звучит сообщение)

(А) Учёные говорят, чтобы чувствовать себя хорошо, нужно соблюдать режим сна.

(Б) Учёные считают, что спать больше 10 часов — плохо для здоровья.

(В) Учёные думают, если человек ложится спать в разное время и спит меньше 8 часов, у него проблемы со здоровьем.

2. (Звучит сообщение)

(А) Если вы находитесь в России, обязательно посетите ледовое шоу.

(Б) Большинство россиян уже были на ледовых шоу.

(В) Среди россиян в последнее время растёт интерес к ледовым шоу.

3. (Звучит сообщение)

(А) В России молодые люди обычно живут с родителями большую часть жизни.

(Б) Молодые люди в России живут с родителями до покупки своей квартиры.

(В) Российская молодёжь не торопится покупать свою квартиру.

4. (Звучит сообщение)

(А) Учёные считают, что в будущем молодёжь останется без работы.

(Б) Учёные думают, что не нужно много учиться, нужно знать немного из каждой области.

(В) Учёные советуют молодым людям получать во время учёбы разные умения и навыки.

5. (Звучит сообщение)

(А) Принято считать, что при знакомстве с девушками мужчины, как правило, сначала смотрят на фигуру и лицо.

(Б) По мнению большинства мужчин, при первой встрече им важно понять, умная девушка или нет.

(В) Мужчины всегда смотрят только на лицо и фигуру девушки, ум им не важен.

ЧАСТЬ 2

Задания 6–9. Прослушайте диалоги и выполните задания к ним. Вам нужно понять, о чём говорят эти люди.

6. Они говорят о _____ .

    (А) покупках в интернет-магазинах

    (Б) ценах в магазинах

    (В) ноутбуке

7. Осман и его подруга обсуждают _____ .

    (А) русскую кухню

    (Б) климат в России

    (В) свой заказ в ресторане

8. Мама и Дима говорят о _____ .

    (А) домашних животных

    (Б) нелюбви к кошкам

    (В) выборе подарка

9. Они говорят о _____ .

    (А) хорошем качестве интернета

    (Б) проживании в гостинице

    (В) путешествии Максима

ЧАСТЬ 3

Задания 10–13. Прослушайте диалоги и ответьте на вопросы к каждому из них.

10. Что Серёжа решил подарить маме?

   Серёжа решил подарить маме _____ .

   (А) поездку в Австралию

   (Б) фотоальбом из её фотографий

   (В) сертификат на фотосессию

11. Почему этот человек не может зарегистрироваться на рейс в аэропорту?

   Этот человек не может зарегистрироваться на рейс в аэропорту, потому что _____ .

   (А) хотел зарегистрироваться на рейс другой авиакомпании

   (Б) опоздал на свой самолёт

   (В) забыл дома паспорт

12. Согласилась ли Марина пойти куда-нибудь?

   Марина решила _____ .

   (А) пойти с другом в кино

   (Б) пойти с другом в боулинг

   (В) пригласить друга домой

13. Как друзья путешествовали по Крыму?

   Для путешествия по Крыму друзья _____ .

   (А) купили машину

   (Б) купили билеты на поезд и автобус

   (В) взяли машину в аренду

ЧАСТЬ 4

Задания 14–19. Прослушайте диалог Марата и Маргариты Игоревны и выполните задания к нему.

14. Марат — друг _____ .

(А) Иванки

(Б) Маргариты Игоревны

(В) преподавателя

15. Марат приехал из _____ .

(А) Санкт-Петербурга

(Б) Москвы

(В) Болгарии

16. Марат привёз _____ .

(А) книги преподавателю

(Б) подарок преподавателю

(В) учебники для Иванки

17. Встреча преподавателя и Марата состоится _____ .

(А) после 9 часов вечера

(Б) в 9 часов утра

(В) в 12 часов дня

18. Вечером Марат идёт на _____ .

(А) концерт

(Б) балет

(В) оперу

19. Преподаватель живёт недалеко от _____ .

(А) театра

(Б) университета

(В) библиотеки

ЧАСТЬ 5

Задания 20–25. Прослушайте объявление о фестивале и выполните задания к нему.

20. «Петербургские вечера» — это _____ фестиваль.

(А) музыкальный

(Б) театральный

(В) танцевальный

21. Фестиваль пройдёт _____ .

(А) 30–31 декабря

(Б) 29–30 декабря

(В) 28–29 декабря

22. Фестиваль состоится в _____ .

(А) Мариинском театре

(Б) концертном зале

(В) галерее искусств

23. Бесплатный билет на фестиваль можно получить, если вы _____ .

(А) пенсионер

(Б) придёте с детьми

(В) зарегистрируетесь на сайте

24. Выступления артистов будут проходить _____ .

(А) утром

(Б) днём

(В) вечером

25. На фестивале артисты будут играть на _____ .

    (А) гитаре и скрипке

    (Б) скрипке и пианино

    (В) гитаре и пианино

Субтест 4. ПИСЬМО

Инструкция по выполнению теста

- **Время выполнения теста — 50 минут.**
- Вы получили задания, инструкции к заданиям и рабочие листы.
- **Напишите фамилию, имя, страну и дату на рабочем листе.**
- Тест состоит из 2 заданий.
- При выполнении теста **можно пользоваться двуязычным словарём.**

Задание 1. Напишите письмо другу.

Расскажите о вашем любимом виде спорта. Пригласите друга вместе с вами на тренировку. **В вашем письме должно быть не менее 12 предложений.**

а) Напишите:

- каким видом спорта вы занимаетесь;
- почему вы его выбрали;
- популярно ли заниматься этим видом спорта в вашей стране;
- сколько раз в неделю вы занимаетесь спортом;
- почему вы думаете, что вашему другу может понравиться этот вид спорта.

б) Спросите:

- свободен ли ваш друг в выходные;
- хочет ли он пойти с вами на тренировку;
- есть ли у него спортивная одежда.

Задание 2. Напишите сообщение.

Вы никак не можете дозвониться до друга/подруги. Напишите ему/ей сообщение в мессенджере о том, что сегодня вы купили билеты на концерт любимой группы, и сообщите о дате, времени и месте этого концерта. **В вашем сообщении должно быть не менее 5 предложений.**

Субтест 5. ГОВОРЕНИЕ

Инструкция по выполнению теста

- **Время выполнения теста — 25 минут.**
- Вы получили задания, инструкции к заданиям и рабочий лист.
- Тест содержит 3 задания.
- При выполнении **заданий 1 и 2 пользоваться словарём нельзя.**
- При подготовке **задания 3 можно пользоваться двуязычным словарём.**

Инструкция по выполнению заданий 1 и 2

- **Время выполнения заданий — 10 минут.**
- Задания выполняются без предварительной подготовки. Вам нужно принять участие в диалогах.
- Вы должны дать полный ответ (ответы «да», «нет», «не знаю» не являются полными).

Задание 1. Примите участие в диалогах. Ответьте собеседнику.

1. — Скажите, пожалуйста, из какой вы страны?
   — _____ .

2. — Какой ваш родной город?
   — _____ .

3. — Кто вы по профессии?

— _____ .

4. — Что вы обычно делаете в выходные?

— _____ .

5. — У вас есть кошка или собака? Как её/его зовут?

— _____ .

Задание 2. Познакомьтесь с описанием ситуации. Начните диалог.

6. Вы хотите купить билет на поезд. Обратитесь в кассу.

— _____ .

7. В кинотеатре вы смотрите фильм, но люди, которые сидят рядом, очень громко разговаривают. Что вы им скажете?

— _____ .

8. У вас не работает телефон, попросите у друга телефон, чтобы позвонить родителям.

— _____ .

9. У вашего друга/подруги день рождения, поздравьте его/её.

— _____ .

10. Пригласите друга/подругу на свой день рождения.

— _____ .

Инструкция по выполнению задания 3

- **Время выполнения задания 15 минут (10 минут — подготовка, 5 минут — ответ).**
- Вы должны подготовить сообщение на предложенную тему (**12–15 предложений**).
- При подготовке задания можно пользоваться двуязычным словарём.

Задание 3. Подготовьте сообщение на тему «Изучение иностранных языков».

- Почему сейчас каждому человеку важно знать иностранные языки?
- Какие языки вы знаете?
- Когда вы начали изучать иностранные языки?
- Где вы изучали/изучаете иностранный язык?
- Что вы любите больше: читать, писать или говорить на иностранном языке?
- У вас есть иностранные друзья? Вы хорошо понимаете, что они говорят?
- Какие языки вы ещё хотите учить? Почему?

2부 정답

Контрольные матрицы

ЛЕКСИКА. ГРАММАТИКА

어휘, 문법 영역 정답

МАКСИМАЛЬНОЕ КОЛИЧЕСТВО БАЛЛОВ — 100.

ЧАСТЬ 1					
1	А	**Б**	В	Г	1
2	А	Б	**В**	Г	1
3	А	Б	**В**	Г	1
4	А	Б	В	**Г**	1
5	А	Б	В	**Г**	1
6	А	**Б**	В	Г	1
7	**А**	Б	В	Г	1
8	А	**Б**	В	Г	1
9	А	**Б**	В	Г	1
10	А	Б	**В**	Г	1
11	А	Б	В	**Г**	1
12	А	Б	**В**	Г	1
13	А	Б	В	**Г**	1
14	**А**	Б	В	Г	1
15	А	Б	В	**Г**	1
16	**А**	Б	В	Г	1
17	А	Б	**В**	Г	1
18	А	**Б**	В	Г	1
19	А	Б	**В**	Г	1
20	А	Б	В	**Г**	1

21	А	**Б**	В	Г	1
22	А	Б	**В**	Г	1
23	А	Б	**В**	Г	1
24	А	**Б**	В	Г	1
25	А	Б	**В**	Г	1
26	А	Б	В	**Г**	1
27	А	Б	В	**Г**	1
28	**А**	Б	В	Г	1
29	**А**	Б	В	Г	1
ЧАСТЬ 2					
30	А	Б	В	**Г**	1
31	А	Б	**В**	Г	1
32	А	Б	**В**	Г	1
33	А	**Б**	В	Г	1
34	А	**Б**	В	Г	1
35	**А**	Б	В	Г	1
36	**А**	Б	В	Г	1
37	А	Б	**В**	Г	1
38	А	Б	**В**	Г	1
39	**А**	Б	В	Г	1
40	А	**Б**	В	Г	1

№	А	Б	В	Г	Балл
41	А	Б	**В**	Г	1
42	А	**Б**	В	Г	1
43	А	Б	В	**Г**	1
44	А	Б	**В**	Г	1
45	**А**	Б	В	Г	1
46	А	**Б**	В	Г	1
47	**А**	Б	В	Г	1
48	А	Б	**В**	Г	1
49	А	Б	В	**Г**	1
50	А	Б	В	**Г**	1
51	А	**Б**	В	Г	1
52	**А**	Б	В	Г	1
53	А	Б	**В**	Г	1
54	А	Б	В	**Г**	1
55	А	**Б**	В	Г	1
56	**А**	Б	В	Г	1
57	А	Б	**В**	Г	1
58	А	**Б**	В	Г	1
59	А	Б	В	**Г**	1

ЧАСТЬ 3

№	А	Б	В	Балл
60	А	**Б**	В	1
61	**А**	Б	В	1
62	А	Б	**В**	1
63	А	**Б**	В	1
64	**А**	Б	В	1
65	А	**Б**	В	1
66	**А**	Б	В	1

№	А	Б	В	Балл
67	А	Б	**В**	1
68	А	**Б**	В	1
69	А	**Б**	В	1
70	А	Б	**В**	1
71	А	Б	**В**	1

ЧАСТЬ 4

№	А	Б	В	Балл
72	А	Б	**В**	1
73	**А**	Б	В	1
74	А	**Б**	В	1
75	**А**	Б	В	1
76	А	**Б**	В	1
77	**А**	Б	В	1
78	А	**Б**	В	1
79	А	**Б**	В	1
80	**А**	Б	В	1
81	А	Б	**В**	1
82	А	**Б**	В	1
83	**А**	Б	В	1
84	**А**	Б	В	1

ЧАСТЬ 5

№	А	Б	В	Г	Балл
85	А	Б	**В**	Г	1
86	А	Б	В	**Г**	1
87	**А**	Б	В	Г	1
88	А	**Б**	В	Г	1
89	А	Б	В	**Г**	1
90	**А**	Б	В	Г	1
91	А	Б	**В**	Г	1

92	А	Б	В	**Г**	1
93	**А**	Б	В	Г	1
94	А	**Б**	В	Г	1
95	А	Б	**В**	Г	1
96	**А**	Б	В	Г	1
97	А	Б	В	**Г**	1
98	**А**	Б	В	Г	1
99	**А**	Б	В	Г	1
100	А	Б	**В**	Г	1

ЧТЕНИЕ

읽기 영역 정답

МАКСИМАЛЬНОЕ КОЛИЧЕСТВО БАЛЛОВ — 180.

	ЧАСТЬ 1			
1	**А**	Б	В	б
2	А	**Б**	В	б
3	А	Б	**В**	б
4	А	Б	**В**	б
5	**А**	Б	В	б

	ЧАСТЬ 2			
6	**А**	Б	В	б
7	**А**	Б	В	б
8	А	**Б**	В	б
9	А	Б	**В**	б
10	А	Б	**В**	б

	ЧАСТЬ 3			
11	А	Б	**В**	б
12	**А**	Б	В	б
13	А	**Б**	В	б
14	**А**	Б	В	б
15	А	Б	**В**	б
16	А	Б	**В**	б
17	А	**Б**	В	б

18	А	Б	**В**	б
19	А	**Б**	В	б
20	**А**	Б	В	б
21	**А**	Б	В	б
22	А	Б	**В**	б
23	А	Б	**В**	б
24	А	**Б**	В	б
25	А	**Б**	В	б

	ЧАСТЬ 4			
26	А	Б	**В**	б
27	**А**	Б	В	б
28	А	**Б**	В	б
29	А	**Б**	В	б
30	А	Б	**В**	б

АУДИРОВАНИЕ

듣기 영역 정답

МАКСИМАЛЬНОЕ КОЛИЧЕСТВО БАЛЛО – 150.

ЧАСТЬ 1				
1	**А**	Б	В	б
2	А	Б	**В**	б
3	А	**Б**	В	б
4	А	Б	**В**	б
5	**А**	Б	В	б

ЧАСТЬ 2				
6	А	Б	**В**	б
7	А	Б	**В**	б
8	А	Б	**В**	б
9	А	**Б**	В	б

ЧАСТЬ 3				
10	А	Б	**В**	б
11	**А**	Б	В	б
12	А	**Б**	В	б
13	А	Б	**В**	б

ЧАСТЬ 4				
14	**А**	Б	В	б
15	А	Б	**В**	б
16	А	**Б**	В	б
17	**А**	Б	В	б
18	А	**Б**	В	б
19	**А**	Б	В	б

ЧАСТЬ 5				
20	**А**	Б	В	б
21	А	**Б**	В	б
22	**А**	Б	В	б
23	А	Б	**В**	б
24	А	Б	**В**	б
25	А	**Б**	В	б

녹음 원문

ЧАСТЬ 1

Задания 1–5. Прослушайте сообщения. Выберите из трёх вариантов (А, Б, В) тот, который по смыслу соответствует сообщению.

1. **Учёные доказали: чтобы чувствовать себя хорошо весь день, нужно ложиться спать в одно и то же время, а сон должен продолжаться не менее восьми, но и не более десяти часов.**

    (А) Учёные говорят, чтобы чувствовать себя хорошо, нужно соблюдать режим сна.

    (Б) Учёные считают, что спать больше 10 часов — плохо для здоровья.

    (В) Учёные думают, если человек ложится спать в разное время и спит меньше 8 часов, у него проблемы со здоровьем.

2. **В России в последние годы ледовые шоу посещает всё больше и больше людей.**

    (А) Если вы находитесь в России, обязательно посетите ледовое шоу.

    (Б) Большинство россиян уже были на ледовых шоу.

    (В) Среди россиян в последнее время растёт интерес к ледовым шоу.

3. **В России молодые люди, как правило, живут с родителями, пока не купят свою квартиру.**

    (А) В России молодые люди обычно живут с родителями большую часть жизни.

    (Б) Молодые люди в России живут с родителями до покупки своей квартиры.

    (В) Российская молодёжь не торопится покупать свою квартиру.

4. **Во всём мире учёные говорят о том, что через 20 лет не все профессии будут нужны, поэтому сейчас студентам нужно получать разные знания, чтобы найти хорошую работу.**

    (А) Учёные считают, что в будущем молодёжь останется без работы.

    (Б) Учёные думают, что не нужно много учиться, нужно знать немного из каждой области.

    (В) Учёные советуют молодым людям получать во время учёбы разные умения и навыки.

5. Существует мнение, что мужчины любят глазами, а женщины любят ушами.

(А) Принято считать, что при знакомстве с девушками мужчины, как правило, сначала смотрят на фигуру и лицо.

(Б) По мнению большинства мужчин, при первой встрече им важно понять, умная девушка или нет.

(В) Мужчины всегда смотрят только на лицо и фигуру девушки, ум им не важен.

ЧАСТЬ 2

Задания 6–9. Прослушайте диалоги и выполните задания к ним. Вам нужно понять, о чём говорят эти люди.

6. — Антон, ты не знаешь, где можно недорого купить хороший ноутбук?
   — Кристина, я купил свой ноутбук в интернет-магазине. Я очень доволен!
   — Твой ноутбук лёгкий?
   — Да, он очень лёгкий и хорошо работает.

   Они говорят о _____ .

   (А) покупках в интернет-магазинах

   (Б) ценах в магазинах

   (В) ноутбуке

7. — Осман, что ты будешь заказывать? Я хочу заказать борщ и котлеты.
   — Я, наверное, тоже закажу борщ. И курицу с картошкой.
   — Не знала, что ты любишь борщ!
   — Если честно, я его не очень люблю, но на улице так холодно! Я думаю, мне нужна тарелка горячего супа!

   Осман и его подруга обсуждают _____ .

   (А) русскую кухню

(Б) климат в России

(В) свой заказ в ресторане

8. — Мама, купи мне на день рождения домашнее животное. Пожалуйста! Я очень хочу кошку.

— Сынок, радость моя, я бы с удовольствием, но ты же знаешь, что у меня аллергия на кошек и собак. У меня аллергия на шерсть.

— Ну, мама, но сейчас есть такие животные, которые не вызывают у человека аллергии. Давай посмотрим!

— Димочка, солнышко, у меня аллергия даже на кошек с короткой шерстью. Извини, но давай выберем тебе другой подарок, хорошо?

— Да, конечно.

Мама и Дима говорят о _____ .

(А) домашних животных

(Б) нелюбви к кошкам

(В) выборе подарка

9. — Здравствуйте! Я бронировал номер.

— Минуту! Как ваша фамилия?

— Орлов. Максим Орлов.

— Так… Орлов… Да, вижу! У вас одноместный номер с завтраком. Вы будете у нас три ночи, правильно?

— Да, три ночи.

— Хорошо… вот ваш ключ. Завтрак начинается в 6 часов утра в ресторане на первом этаже.

— Спасибо! Я слышал, завтрак в вашей гостинице очень хороший. Дайте, пожалуйста, пароль от вай-фая.

— Вот, пожалуйста.

— Спасибо.

Они говорят о _____ .

(А) хорошем качестве интернета

(Б) проживании в гостинице

(В) путешествии Максима

ЧАСТЬ 3

Задания 10–13. Прослушайте диалоги и ответьте на вопросы к каждому из них.

10. Что Серёжа решил подарить маме?

— Наташа, у моей мамы через 3 месяца юбилей. Я не знаю, какой подарок ей сделать, чем её удивить.

— Серёжа, а ты хочешь, чтобы был сюрприз?

— Да, чтобы потом мама могла долго вспоминать о своём юбилее.

— Ну, сделай фотоальбом с её фотографиями или купи билеты в Австралию, например.

— Нет, летать она боится. Наташа, я придумал! Подарю ей сертификат на фотосессию всей семьёй.

— Отличный подарок. И время проведёте вместе, и на память останутся хорошие фотографии и воспоминания.

Серёжа решил подарить маме _____ .

(А) поездку в Австралию

(Б) фотоальбом из её фотографий

(В) сертификат на фотосессию

11. Почему этот человек не может зарегистрироваться на рейс в аэропорту?

— Здравствуйте! Ваш паспорт, пожалуйста! Багаж сдавать будете?

— Да, вот мой чемодан.

— Простите, но вас нет в списке пассажиров на этот рейс.

— Как нет? Вот мой билет, посмотрите: в девять часов, самолёт из Санкт-Петербурга в Берлин!

— Да, правильно, но здесь регистрация на рейс компании «Аэрофлот», а ваш билет на рейс компании «Люфтганза». Вам нужно регистрироваться там.

— Спасибо! Извините, пожалуйста!

— Ничего страшного.

Этот человек не может зарегистрироваться на рейс в аэропорту, потому что _____ .

(А) хотел зарегистрироваться на рейс другой авиакомпании

(Б) опоздал на свой самолёт

(В) забыл дома паспорт

12. Согласилась ли Марина пойти куда-нибудь?

— Привет, Марина? Что делаешь сегодня вечером? Хочу пригласить тебя в боулинг.

— О, нет! Работаю сегодня до 7 часов вечера.

— Давай пойдём! Иногда надо отдыхать, тогда лучше будешь работать и больше успевать.

— Ну, не знаю, собиралась после работы полежать на диване и спокойно посмотреть фильм.

— Хочешь, пойдём в кино?

— Нет, давай лучше пойдём в боулинг, но только на пару часов.

— Отлично! Будь готова к 19:30. Я приеду к тебе на работу.

— Хорошо.

Марина решила _____ .

(А) пойти с другом в кино

(Б) пойти с другом в боулинг

(В) пригласить друга домой

13. Как друзья путешествовали по Крыму?

— А мы решили поехать в Крым! Будем купаться в море, смотреть разные красивые места!

— Мы были в Крыму в прошлом году. Нам очень понравилось! Мы взяли машину в аренду и путешествовали по всему полуострову.
— А почему вы не ездили на автобусе или на поезде? Это, наверное, дешевле?
— Нет, у нас была компания пять человек, и взять машину в аренду было дешевле.
— Интересно! Расскажи, как вы смогли это организовать?
— Это несложно! Есть интернет-сайт, на котором ты можешь выбрать машину, забронировать её и оплатить.
— А где мы сможем получить нашу машину?
— Это очень удобно! Забрать машину можно будет в аэропорту.
— Здорово! Дай мне адрес сайта, пожалуйста!

Для путешествия по Крыму друзья _____ .

(А) купили машину

(Б) купили билеты на поезд и автобус

(В) взяли машину в аренду

ЧАСТЬ 4

Задания 14–19. Прослушайте диалог Марата и Маргариты Игоревны и выполните задания к нему.

— Алло! Здравствуйте! Это Маргарита Игоревна? Меня зовут Марат. Я друг Иванки, вашей бывшей студентки из Болгарии.
— А, Иванку помню очень хорошо. Здравствуйте!
— Я только что приехал из Болгарии и привёз от неё подарок: кофе, конфеты и книгу о Болгарии. Как я могу вам его передать?
— Как приятно, что Иванка меня не забыла! Марат, вы можете прийти ко мне домой вечером? Расскажете о Болгарии, как там живёт Иванка.
— Хорошо, Маргарита Игоревна! А в какое время к вам можно прийти?
— Приходите в полседьмого.
— Извините, но я не смогу в половину седьмого. Я иду в Мариинский театр на балет.

— Ничего страшного. А какой балет будете смотреть?

— «Лебединое озеро», конечно же. Балет идёт 2 часа.

— Хорошо, тогда я буду ждать вас после 9 часов вечера. У меня будет время, чтобы приготовить вам русский ужин.

— Маргарита Игоревна, а какой у вас адрес?

— Марат, я живу рядом с Мариинским театром, на улице Глинки, дом 2, квартира 11.

— Спасибо вам! До свидания!

— До встречи, Марат!

ЧАСТЬ 5

Задания 20–25. Прослушайте объявление о фестивале и выполните задания к нему.

Уважаемые жители и гости Санкт-Петербурга!

29 и 30 декабря в новом здании Мариинского театра пройдёт музыкальный фестиваль «Петербургские вечера». Формат фестиваля будет свободным. Во время концертов можно будет ходить по залу, смотреть выставку картин и фотографий молодых художников Санкт-Петербурга. Прийти на концерт можно будет в любое время с 17 до 22 часов.

Стоимость билета 200 рублей. Чтобы получить бесплатный билет, зарегистрируйтесь на официальном сайте фестиваля.

29 декабря в программе Моцарт, Чайковский, Бизе в джазовом исполнении.

30 декабря выступают скрипач Чингиз Османов и пианист Александр Рубинов.

Завершит фестиваль Санкт-Петербургский государственный академический симфонический оркестр.

Ждём вас по адресу: улица Декабристов, дом 34.

ПИСЬМО
쓰기 영역 예시 답안

Задание 1. Расскажите о вашем любимом виде спорта. Пригласите друга вместе с вами на тренировку. В вашем письме должно быть не менее 12 предложений.

а) Напишите:

- каким видом спорта вы занимаетесь;
- почему вы его выбрали;
- популярно ли заниматься этим видом спорта в вашей стране;
- сколько раз в неделю вы занимаетесь спортом;
- почему вы думаете, что вашему другу может понравиться этот вид спорта.

б) Спросите:

- свободен ли ваш друг в выходные;
- хочет ли он пойти с вами на тренировку;
- есть ли у него спортивная одежда.

Первый вариант ответа

Дима, привет!

Как дела? Что нового?

У меня все хорошо. Я сдал все экзамены.

Сейчас у меня много свободного времени. Поэтому я решил заняться спортом. Я выбрал футбол. Это мой любимый вид спорта. Я люблю не только играть футбол, но и смотреть футбольные матчи.

Футбол — очень интересная игра. Она популярна во всём мире. У нас в стране тоже футбол является одним из самых популярных видов спорта. Во многих университетах есть даже свои футбольные команды.

Мы с друзьями играем в футбол на стадионе три раза в неделю. Мы будем рады, если ты сможешь присоединиться к нам. Я думаю, тебе понравится играть в футбол, так как ты любишь бегать.

Напиши, будешь ли ты свободен в выходные? Есть ли у тебя спортивная форма?

Жду ответа.

Пока!

Минсу

Второй вариант ответа

Аня, здравствуй!

Как ты? Как твои родители?

У меня все нормально, но в последнее время я стала часто болеть. Сестра посоветовала мне заняться спортом. Поэтому с прошлого месяца я начала ходить в бассейн на плавание.

Как ты знаешь, плавание очень полезно для здоровья. Также оно помогает снять стресс и поднять настроение. После того, как я начала заниматься плаванием, я стала меньше болеть и лучше спать. А ещё плавание — это отличный способ держать себя в хорошей спортивной форме.

В нашей стране довольно популярно заниматься этим видом спорта. В бассейне часто можно увидеть родителей с маленькими детьми. Мне кажется, тебе тоже очень понравится заниматься плаванием, так как ты любишь воду и море.

Я хожу в бассейн два раза в неделю. Если у тебя есть свободное время на выходных, мы бы могли пойти в бассейн вместе. У тебя есть спортивный купальник? Если нет, я могу подсказать, где можно купить хороший и дешевый купальник.

Пиши.

Пока!

Суджин

Задание 2. Напишите сообщение.

Вы никак не можете дозвониться до друга/подруги. Напишите ему/ей сообщение в мессенджере о том, что сегодня вы купили билеты на концерт любимой группы, и сообщите о дате, времени и месте этого концерта. В вашем сообщении должно быть не менее 5 предложений.

Первый вариант ответа

Катя, привет!

Я звоню тебе весь день, но никак не могу дозвониться. Надеюсь, у тебя всё в порядке.

У меня для тебя очень хорошая новость. Сегодня я купила билеты на концерт нашей любимой группы. Концерт будет через неделю, десятого мая, в шесть часов вечера в концертном зале «Звезда». Билеты я оставила дома. Как только прочитаешь это сообщение, позвони мне. Пока!

Второй вариант ответа

Витя, привет!

Ты где? Почему ты не берёшь трубку? Я никак не могу до тебя дозвониться!

Сегодня я купил два билета на концерт любимой группы и хотел пригласить тебя пойти вместе со мной. Концерт будет в эту пятницу в семь часов вечера на центральном стадионе. Думаю, будет очень весело и интересно. Позвони мне, как сможешь. Жду.

ГОВОРЕНИЕ
말하기 영역 예시 답안

Задание 1. Примите участие в диалогах. Ответьте собеседнику.

1. — Скажите, пожалуйста, из какой вы страны?
  1) — Я из Южной Кореи.
  2) — Я из Республики Корея.

2. — Какой ваш родной город?
  1) — Мой родной город – Сеул.
  2) — Я родился и вырос (родилась и выросла) в Пусане.

3. — Кто вы по профессии?
  1) — Сейчас я студент (студентка). В университете я изучаю английский язык и литературу.
  2) — По профессии я экономист.

4. — Что вы обычно делаете в выходные?
  1) — В выходные я обычно делаю уборку дома и смотрю фильмы.
  2) — В субботу я отдыхаю дома, а в воскресенье встречаюсь с друзьями.

5. — У вас есть кошка или собака? Как её/его зовут?
  1) — Да, у меня есть кот, его зовут Томас. (Да, у меня есть собака, её зовут Джина.)
  2) — Нет, к сожалению, у меня нет ни собаки, ни кошки.

Задание 2. Познакомьтесь с описанием ситуации. Начните диалог.

6. Вы хотите купить билет на поезд. Обратитесь в кассу.

  1) Здравствуйте! Дайте, пожалуйста, два билета на поезд до Москвы.

  2) Добрый день! Можно билет на 6 вечера на поезд до Москвы?

7. В кинотеатре вы смотрите фильм, но люди, которые сидят рядом, очень громко разговаривают. Что вы им скажете?

  1) Извините, пожалуйста, вы не могли бы разговаривать потише. Вы мешаете остальным зрителям смотреть фильм.

  2) Простите, можно вас попросить разговаривать тише? Вы мешаете смотреть фильм.

8. У вас не работает телефон, попросите у друга телефон, чтобы позвонить родителям.

  1) Саша, извини, могу ли я позвонить с твоего телефона? Мне срочно нужно позвонить родителям, а мой телефон не работает.

  2) Паша, у меня к тебе просьба. Можно одолжить на минуту твой телефон? Мне нужно позвонить родителям и предупредить их, что у меня не работает телефон.

9. У вашего друг/подруги день рождения, поздравьте его/её.

  1) Дорогая Маша, поздравляю тебя с днём рождения! Желаю тебе здоровья, счастья и успехов во всём.

  2) Миша, с днём рождения тебя! Оставайся всегда таким же весёлым и позитивным человеком. Я очень рад иметь такого друга, как ты.

10. Пригласите друга/подругу на свой день рождения.

  1) Катя, привет! Я хочу пригласить тебя на свой день рождения в эту субботу. Буду очень рада, если ты придёшь. Вечеринка начнётся в 6 часов вечера.

  2) Вова, приглашаю тебя на свой день рождения в эту субботу! Придут все наши друзья. Ты же помнишь мой адрес? Буду ждать тебя к 6 вечера.

Задание 3. Подготовьте сообщение на тему «Изучение иностранных языков».

- Почему сейчас каждому человеку важно знать иностранные языки?
- Какие языки вы знаете?
- Когда вы начали изучать иностранные языки?
- Где вы изучали/изучаете иностранный язык?
- Что вы любите больше: читать, писать или говорить на иностранном языке?
- У вас есть иностранные друзья? Вы хорошо понимаете, что они говорят?
- Какие языки вы ещё хотите учить? Почему?

Первый вариант ответа

Я думаю, что каждому современному человеку важно знать иностранные языки. Человек, изучая иностранный язык, открывает для себя новый мир. Когда человек знает иностранные языки, намного легче и интереснее путешествовать и знакомиться с новыми людьми. Поэтому я тоже хочу знать много иностранных языков.

На данный момент я уже знаю английский язык и немного говорю по-русски. Английский язык я начал(-а) изучать ещё в школе, а русский – в университете. Сейчас я не только слушаю лекции по русскому языку в университете, но также хожу на дополнительные курсы в языковой центр.

Мне очень нравится говорить на иностранных языках. Поэтому я стараюсь заводить много друзей из разных стран. Сейчас у меня есть друзья из России, Америки, Украины и других стран. Иногда я их плохо понимаю, тогда они стараются говорить медленнее и объясняют мне неизвестные слова.

В этом году я хочу начать учить испанский язык. Потому что на испанском языке говорят во многих странах. А я очень люблю путешествовать.

Второй вариант ответа

Сейчас людям очень важно и нужно знать иностранные языки. Знание иностранных языков помогает нам в учебе и работе. В наши дни знание иностранного языка является очень важным условием для приёма на работу.

Я тоже стараюсь усердно учить иностранные языки. Я уже знаю английский и китайский и могу говорить по-русски, но ещё не очень хорошо. Английский и китайский я учил(-а) в школе и продолжаю изучать в университете. Русский язык я начал(-а) изучать недавно, полгода назад, в языковом центре. Мне очень нравится русский язык. Он очень интересный, но трудный.

Больше всего мне нравится читать на иностранном языке. Я надеюсь, что когда-нибудь смогу читать книги русских писателей на русском языке. Ещё мне нравится встречаться с иностранными друзьями и разговаривать с ними. Сейчас у меня только два друга из России. Я уже довольно хорошо понимаю, что они говорят.

В будущем я хочу изучать японский язык, так как мне нравится японская культура и я люблю смотреть японское аниме.

답안지

Рабочие матрицы

ЛЕКСИКА. ГРАММАТИКА

Имя, фамилия_____ Страна_____ Дата_____

ЧАСТЬ 1					
1	А	Б	В	Г	
2	А	Б	В	Г	
3	А	Б	В	Г	
4	А	Б	В	Г	
5	А	Б	В	Г	
6	А	Б	В	Г	
7	А	Б	В	Г	
8	А	Б	В	Г	
9	А	Б	В	Г	
10	А	Б	В	Г	
11	А	Б	В	Г	
12	А	Б	В	Г	
13	А	Б	В	Г	
14	А	Б	В	Г	
15	А	Б	В	Г	
16	А	Б	В	Г	
17	А	Б	В	Г	
18	А	Б	В	Г	
19	А	Б	В	Г	
20	А	Б	В	Г	
21	А	Б	В	Г	
22	А	Б	В	Г	
23	А	Б	В	Г	
24	А	Б	В	Г	

25	А	Б	В	Г	
26	А	Б	В	Г	
27	А	Б	В	Г	
28	А	Б	В	Г	
29	А	Б	В	Г	
ЧАСТЬ 2					
30	А	Б	В	Г	
31	А	Б	В	Г	
32	А	Б	В	Г	
33	А	Б	В	Г	
34	А	Б	В	Г	
35	А	Б	В	Г	
36	А	Б	В	Г	
37	А	Б	В	Г	
38	А	Б	В	Г	
39	А	Б	В	Г	
40	А	Б	В	Г	
41	А	Б	В	Г	
42	А	Б	В	Г	
43	А	Б	В	Г	
44	А	Б	В	Г	
45	А	Б	В	Г	
46	А	Б	В	Г	
47	А	Б	В	Г	
48	А	Б	В	Г	

절취선을 따라 잘라서 사용하세요

49	А	Б	В	Г
50	А	Б	В	Г
51	А	Б	В	Г
52	А	Б	В	Г
53	А	Б	В	Г
54	А	Б	В	Г
55	А	Б	В	Г
56	А	Б	В	Г
57	А	Б	В	Г
58	А	Б	В	Г
59	А	Б	В	Г

ЧАСТЬ 3			
60	А	Б	В
61	А	Б	В
62	А	Б	В
63	А	Б	В
64	А	Б	В
65	А	Б	В
66	А	Б	В
67	А	Б	В
68	А	Б	В
69	А	Б	В
70	А	Б	В
71	А	Б	В

ЧАСТЬ 4			
72	А	Б	В
73	А	Б	В
74	А	Б	В

75	А	Б	В
76	А	Б	В
77	А	Б	В
78	А	Б	В
79	А	Б	В
80	А	Б	В
81	А	Б	В
82	А	Б	В
83	А	Б	В
84	А	Б	В

ЧАСТЬ 5				
85	А	Б	В	Г
86	А	Б	В	Г
87	А	Б	В	Г
88	А	Б	В	Г
89	А	Б	В	Г
90	А	Б	В	Г
91	А	Б	В	Г
92	А	Б	В	Г
93	А	Б	В	Г
94	А	Б	В	Г
95	А	Б	В	Г
96	А	Б	В	Г
97	А	Б	В	Г
98	А	Б	В	Г
99	А	Б	В	Г
100	А	Б	В	Г

ЧТЕНИЕ

Имя, фамилия_____ Страна_____ Дата_____

	ЧАСТЬ 1		
1	А	Б	В
2	А	Б	В
3	А	Б	В
4	А	Б	В
5	А	Б	В

	ЧАСТЬ 2		
6	А	Б	В
7	А	Б	В
8	А	Б	В
9	А	Б	В
10	А	Б	В

	ЧАСТЬ 3		
11	А	Б	В
12	А	Б	В
13	А	Б	В
14	А	Б	В
15	А	Б	В
16	А	Б	В
17	А	Б	В
18	А	Б	В
19	А	Б	В
20	А	Б	В

21	А	Б	В
22	А	Б	В
23	А	Б	В
24	А	Б	В
25	А	Б	В

	ЧАСТЬ 4		
26	А	Б	В
27	А	Б	В
28	А	Б	В
29	А	Б	В
30	А	Б	В

АУДИРОВАНИЕ

Имя, фамилия _____ Страна _____ Дата _____

ЧАСТЬ 1			
1	А	Б	В
2	А	Б	В
3	А	Б	В
4	А	Б	В
5	А	Б	В

ЧАСТЬ 2			
6	А	Б	В
7	А	Б	В
8	А	Б	В
9	А	Б	В

ЧАСТЬ 3			
10	А	Б	В
11	А	Б	В
12	А	Б	В
13	А	Б	В

ЧАСТЬ 4			
14	А	Б	В
15	А	Б	В
16	А	Б	В
17	А	Б	В
18	А	Б	В
19	А	Б	В

ЧАСТЬ 5			
20	А	Б	В
21	А	Б	В
22	А	Б	В
23	А	Б	В
24	А	Б	В
25	А	Б	В

ПИСЬМО

Имя, фамилия _____ **Страна** _____ **Дата** _____

ПИСЬМО

Имя, фамилия _____ **Страна** _____ **Дата** _____

러시아 교육문화센터
뿌쉬낀하우스
교육센터 / 문화센터 / 출판센터
Tel. 02)2237-9387 Fax. 02)2238-9388
www.pushkinhouse.co.kr